AF275676

ASTILLAS DE LUZ

ASTILLAS DE LUZ

Laura Parada

Valparaíso
EDICIONES

VALPARAÍSO POESÍA

Diseño de interior y maquetación: Chari Nogales
www.charinogales.com @chari_nogales
Diseño de portada: Chari Nogales

Primera edición: abril de 2025

© De los poemas: Laura Parada

© Valparaíso Ediciones
C/ Fray Leopoldo, 7 bajo, 18014 Granada
www.valparaisoediciones.es

ISBN: 979-13-87538-31-6
Depósito Legal: GR 307-2025

Impreso en España - *Printed in Spain*
Gráficas Gami

El papel utilizado para la impresión de este libro está calificado como papel ecológico y procede de bosques gestionados de manera sostenible.

Para Alex,
compañero entre sombras
e indicio diáfano.

HACIA ADENTRO

SALTO

Caer
más allá del pasmo.

Abrir
el pavimento.

Plantar el encéfalo
en un nirvana insular.

Sesgar el ethos.
Surcar el yo.

Caer
          en travesía
      a través
  de sí.

CAOS

El subconsciente
todo poderoso
conjura realidades intrínsecas:
   universos ingrávidos,
   nubes subcutáneas,
   piras líquidas,
      horizontes inmersos,
      árboles nómadas,
      pasos flotantes,
trinos ultrasónicos,
   voces apetecidas,
   presencias ideadas,
tiempos volubles.

¿Quién deducirá las leyes
que gobiernan con tal despilfarro
la constelación errática
de millones de pensamientos
involuntarios?

SIN

Aliento sin voz
voz sin piel
piel sin carcasa
carcasa sin repique
repique sin campana
campana sin bóveda

bóveda en ascuas

pira de umbrales
hoguera de ecos
fogata de ausencias.

EN BLANCO

Ojos multiplicados
pupilas fragmentadas
   retinas   distendidas

párpados estáticos
   ruptura de formas
   convulsión   visual

cornucopia de ficciones
profusión de estímulos
   plétora espuria

         imágenes fecundan
poros píxeles
         inseminan lenguas
   clics funden cerebros

punto ciego
inconsciente.

HEBRAS

Fibra a fibra
se engrosa
una hilera irresoluble
de divagaciones ensartadas
por hebras de sinsentidos
inextricables.

SOSIEGO INCONSTANTE

Paz elusiva
asienta sobre mí
tu aura:
dirime dudas,
encalla incongruencias,
despeja números.

Añoro la brevedad
de tu caricia
tal como la floresta ansía
el roce paliativo de la nieve
sobre sus agujas exaltadas
o el rebozo crepuscular
que alberga
sus resquicios sonámbulos.

Detén
tu céfiro violáceo
sobre mi devenir sumiso
y proyecta
sobre tu espejo
el parpadeo absorto
de mi faz
buscándote.

ALJIBE

Libo
con lentitud
desde la noria etérea
en mis recuerdos
hondos.

FÉNIX

El anochecer desciende taciturno
y embadurnado de astros dementes.

Evocaciones vagabundas
inoculan mis sueños.

Llueven plumas blancas
sobre prados desbocados.

Aves desnudas huyen
rumbo a lechos estivales.

Sólo el fénix en mis ojos
logra reedificar tu efigie
desde el cúmulo de mis cenizas.

CONVERGENCIA ACUÁTICA

Guardo aristas
y coyunturas abisales
donde convergen los rescoldos
de tu tacto a borbotones
sobre tus lejanías de manantial.

MONÓLOGO INVERNAL

El claroscuro
desliza sus caricias
sobre la corteza húmeda
del día nevado de copos y luz.

Un sinfín de monólogos
satura el espacio frígido.

¡Cuánto retiro,
cuánta paz!

Cuánto anhelo de lumbre
bajo tus ansias
y de ondas estentóreas
tras el hálito de tu voz.

¡Cuánto invierno
por hibernar sin ti!

EVOCACIONES

Cortinaje ambiguo.

Calina y versos a media voz.

¡Cómo cortan
las oquedades añejas
diluidas en el llanto!

¡Cuánto embebe
este nirvana
en que trascienden
y se hunden
añoranzas ilusorias!

ASILO

Albergue enardecido
en divagaciones diletantes
de lechos arcanos.

Estafa hipnótica
o emulsión
de impostura y néctar.

VOCES

OTOÑO LÍRICO

Versos se inmolan
y germinan.

Verbos ondean
y se derrumban
con estrépito infinito.

Estampidas de voces
como flechas
trasvuelan sobre la borrasca.

El silencio irreverente
descascara su ropaje ingrávido.

Estocada letal,
descenso sublime
y reencarnación.

ALQUIMIA

Imaginación
madeja prismática,
lienzo delirante,
visión iluminada.

La razón dormita
en tu zaguán laberíntico
mientras tu eclipse
amotina conjuros irreverentes
y hechizos sublevados.

INTERMISIÓN

¿Cómo romper
la trama a la melancolía
y desatar
el sismo furibundo
o hecatombe redentora
de algún verso insurgente?

NO HAY ESCAPE

La lubricación
periférica y circular
de conjeturas infrahumanas
sitia mis sueños.

¡No hay escape!

Me rindo
ante el tropel
de desvaríos mercúricos
que atiza la hoguera
de este insomnio febril.

MUTISMO

Mordaza
al verso hermético
atrincherado en el tórax.

Brida
al canto gutural
tañedor en el cráneo.

Toque de queda
a la palabra sediciosa
que aguza nostalgias
y blande esperanzas.

La semilla y sus brotes
germinarán por ósmosis
en seres míticos arraigados
en vergeles imaginarios.

DESAHUCIO

El verso derrama
su último latido
sobre la senda cristalina
de una exhalación fugaz.

ENCUENTROS

LAZOS

De estrella a estrella
un soplo sideral.

De nube a nube
un reflejo sobre el lago.

De piedra a piedra
un salto boyante.

De pétalo a pétalo
una chispa de rocío.

De ti a mí
una floración de latidos.

ENCUENTRO ONÍRICO

Me miras:
        fulgor subliminal.

Sonríes:
        abstracción agorera.

Me tocas:
        tersa clarividencia.

NOCHE DE JAURÍA

Ulula una jauría
de poros enjaulados.

La vigilia hunde
sus tentáculos expectantes
en lo hondo
del amanecer desnudo.

La noche muere de olvido.

¿Dónde reposará el haz
de tu luna aterciopelada?

ACOPLAMIENTO

Ascuas resuenan
bajo la piel.
Sortijas satelitales gravitan
el entresueño nebuloso.

Miradas cortantes
se cubren de escarcha estelar
y desciende el relámpago
a colonizar grutas anidadas.

ENCUBIERTOS

Mies sobre arena,
destello estelar
y luna rotunda.

La cadencia
de la marea en alza
esculpe el firmamento
bajo el ropaje
de la neblina tibia.

Tenues suspiros se urden
sobre encajes de silencio
y el vaho de labios
se aúna al sopor astral.

Lenguas como cirios,
púas que acarician,
lid de miembros en fusión
y sollozos de ausentes.

PLEGARIA

Lanzo dardos
entre la certeza
de muerte
y la indecisa redención
o el milagro hipotético
del instante
en tu remanso.

Ábreme tu herida
y nutre de quiromancia
mis destinos yermos.

Sálvame
de un final
sin ti.

PREÁMBULO

Mi mano busca preludios
y la tuya conjura espejismos.

Gestemos juntos desenlaces
para este idilio lírico.

CÁLIZ Y PARRA

Hazme cepa en tu lengua
sarmiento en tus labios
y vid en tu vocablo.

Sé cáliz para mi voz
y vino para mi sed.

AUGURIOS

Presiento el devenir
de tu arrullo
estival.

O acaso adivino
la placidez
de yacer sobre tu pecho
e inventariar lunares
imaginarios.

ESTACIONES

Traigo otoños
bajo la piel
y estepas
entre las manos.

Ven a posar sobre mí
tu verde ardor
y tu brisa impregnada
de retoños efervescentes.

COSECHA

Mis dedos pulen
tus aristas indómitas.

Mi saliva irriga
tus brotes ávidos.

Fluyo cuesta abajo
entre tus declives.

Le sigo el rastro a tu raíz
bifurcada y eléctrica.

Me sacude el azote
de tu conmoción.

Persisto,
        sondeo,
                rozo.

Y exhumo
la sustancia creciente:
el bulbo de tus adentros.

SOÑADO AMOR

Entre brumas y ensueño
erupcionas
y te depuras
en sublime idolatría dormida.

CULTIVO

Deshojemos
nuestras pieles.

Surquémonos
los labios.

Esparzámonos
fricciones
enraizadas.

DESVELO

Cuán copiosa
es tu desnudez
a la lumbre
de mis vigilias.

En ti convergen
mis horizontes
famélicos
y desorientados.

Y hacia ti
peregrina mi deseo
para sentar comarcas
en tu fantasía.

MIGRACIÓN

De mis ansias a tu boca
trazaré un istmo
de espuma y versos.

En tus resquicios
anidaré bandadas
de caricias migratorias.

Y será tu silueta
remanso para el caudal
de mis añoranzas recurrentes.

NAUFRAGIO

Perseidas se plasman
sobre el lienzo
de la oscuridad extendida.

La indeleble letanía cósmica
unge la inmersión
del plenilunio sobre la mar.

¡Ay marinero trémulo
cuánta tormenta vences
armado de desvaríos y adagios
hasta atracar en el seno
o golfo almibarado
donde desembalsas tu gozo!

ANTÍTESIS

Ascetismo:
>   trasluz de tus ojos
>   sobre la continuidad
>   de mis sombras.

Hedonismo:
>   elixir de tu cuerpo
>   sobre la sed
>   de mis dunas.

ESTRATAGEMA

Enumero escrupulosamente
maniobras y contraofensivas
para un encuentro bélico.

Y sucumbo
ante tu frenesí asaltante
y tus voleas
de incisivas ensoñaciones.

DISYUNTIVAS

Dame guerra
o trae paz.

Sé mi extravío
o confiéreme indulto.

Sublímame
en muerte
o en resurrección.

OSCILACIÓN FINAL

Me consumes y extingues
en simbiosis
de catarsis y arrebato.

Me deshojas
e incitas en huracán
de caricia y versos.

Eres vendaval y refugio
en mis periplos impetuosos.

Ánclame a tu regazo
y viértete en mí.

FUSIÓN

Embestidas cíclicas
de péndulo en llamas.

Trasiego de vertiente
en caracola profunda.

Estuario alfa
y mar omega
en compenetración.

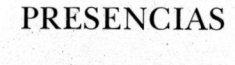

PRESENCIAS

SUEÑOS PARA SOFÍA

para Laura Sofía

En cada intersticio tuyo
reposarán
mis solsticios esperanzados.

Meceré en tus bucles
mis auroras
y serán tus párpados dormidos
cuna para mis quimeras.

OBSEQUIO ESPACIAL

a Francisco

Para conmemorar tu arribo
he colectado de bazares galácticos
conchas que atesoran arco iris,
satinados cánticos de mar,
chispas de luna ilusionada
y fulgores intensos de sol.

Y para refrescarnos:
helada impoluta de Plutón.

Y para divertirnos:
tres cometas acrobáticos.

Y para no perdernos:
los anillos de Saturno entrelazados.

Y en Marte un oasis
donde guarecerte.

PERMANECES

para papá

Existes al borde
de mi fantasía.

Eres presencia constante
en mis elucubraciones púberes.

Flameas cristalino
sobre la ventisca
en mis estratos borrascosos.

Emerges témpano
y oráculo
a través de mi zozobra.

Y pervives
espectro latente
en el núcleo de mi quebranto.

Uno mis lágrimas
al estuario de las tuyas
para engrosar el aura añil
de tu cielo consolador.

COLOSOS

para los que ya no están

Este peregrinaje
por entre leyendas difusas
y deidades consagradas
en altares vacuos
es revoloteo en vilo
o divagar nostálgico.

¡Cuántos mitos rotos!

Crece un edén
sobre la fosa prístina
del centauro inanimado.

Bajo los residuos
del querubín de arcilla
subyacen hontanares.

La cabellera plateada
desagua su plenilunio
sobre pastizales fértiles.

Ya las lágrimas paternas
son montículos
y son faroles.

¡Cuánto más magníficos
son ahora
los colosos del pasado!

Son inmunes.
Son perpetuos.
Son ausencia.
Y son recuerdo.

HACIA AFUERA

AMANECER

La marejada
del cielo se desnuda
ante el albor.

Barcas lunares
fondean entre nubes
acogedoras.

Ondas menean
conchas en el azur
de sus deleites.

El burbujeo
humedece la estela
del éter prístino.

CATAR LUNAR

Cae
el arpón lunar
sobre el estanque manso.

La noche lactante
desciende
a catar delirios ebrios.

QUIETUD

Aletea
el silencio
sobre la roca lacónica.

Nubes
de túnicas diáfanas
murmuran sus mantras.

La quietud
esparce su red
leve y certera.

Todo es sosiego
inanimado y fugaz.

PAISAJE ABIERTO

Cenit
de manto azul
y capa resplandeciente
hasta donde se alzan
los torsos desnudos
del paraje invernal.

El ramaje asceta
levita majestuoso
y entre sus miembros
fluye meditativa
una opalina nitidez.

LIBÉLULAS

Puntean
lumbres y libélulas
en el socavón nocturno.

En cada trazo una galaxia.
En cada ausencia un universo.

INTEMPERIE Y ABISMO

Esta intemperie
encubre
un abismo escarchado.

Sobre la cuenca nocturnal
se vierten relámpagos mudos
y en el firmamento
bandadas de cometas copulan
con estrépito vehemente.

De la comisura azabache
de un universo espasmódico
manan esencias
de níveos suspiros
sobre la savia volcánica.

Y al disiparse dejan capas
de luz y rocío
en las llanuras extensas.

ALUVIÓN

Afluentes de luminosidad
reverberan
sobre espejos distraídos
y espolean las pupilas mustias.

Cauces de dulcísimos matices
revisten momentos
y los alivian
de la penumbra interminable.

El torrente foráneo
se filtra
al zaguán del subconsciente
hasta imbuir
sus médanos de tiempo,
enmendar
las telarañas de agujas,
reivindicar espejismos
de ausencias
y aguzar sus aristas progenitoras.

URDIMBRE SOLAR

La hora temprana y silenciosa
bosqueja el amanecer.

¡Qué labor! ¡Qué afán!

El mundo
perezoso y umbrío
se aferra al entresueño
donde la luz y la opacidad
se ofrendan
a miradas pausadas
y mimos póstumos.

La locomotora
del reloj prosigue,
impulsa existencia,
moldea historias.

¡Qué labor! ¡Qué afán!

El cielo
es la bóveda añil
donde repercute
y se multiplica
el campaneo del alba

que engendra
ecos briosos
y haces refulgentes.

La negrura
deshilacha sus cauces
y el sol enarbola
su blasón triunfador.

¡Qué labor! ¡Qué afán!

FONDEO ROSICLER

Reflexiones grises
deslizan sobre los cristales
sus tonalidades inciertas.

Sombras tenues
y luminosidad ínfima.
Crepúsculo huyente.

El aliento tórrido del atardecer
se depura sobre el malecón desdibujado.

Y cae decisiva el ancla
desde una nebulosa
de quimeras centrífugas.

ESCENA LUNÁTICA

La hélice lunar
gira errática
y lacera la noche.
Rueda y abre surcos
que al pulular saturan
la avalancha cárdena
del cosmos.

Las pupilas se desbordan
al intuir el devenir
del oneroso satélite.
Su campo gravitatorio
horada tímpanos,
aspira voces y moviliza
milicias en trance.

Asciende tizne a tizne
la hecatombe colérica.
El batir de sus tentáculos
impele ráfagas grisáceas
donde fluctúan
remolinos de hojarasca.

El cerebro pide quietud.
El cuerpo sucumbe.

Y la razón boga atónita
sobre el halo crepuscular.

ATEMPORAL

CALEIDOSCOPIO

Hordas de espectros nostálgicos
gravitan en vórtices
enquistados en la memoria.

Eras contrapuestas proyectan
su descenso rectilíneo
en los acantilados del ayer.

El recuerdo impone
su continuidad sin clímax
sobre esta hora imantada.

ARMAZÓN FALAZ

Andamios
apenas transitables
los del recuerdo herido
y la melancolía.

Astillas que laceran talones,
caída indemne,
                    lamentos mudos,
huellas llorosas,
                    caricias estériles,
manos inhóspitas,
ojos que buscan ficciones.

Lágrimas nutren
de vaho y salitre
al corazón yerto.

Andamios
de rastros embalsamados
y eras extintas.

LAPSO

La hora
detiene su flujo.

Irrumpe
el hilván exacto
de su tempo cíclico.

Se filtra a sorbos
entre lindes
calcáreos.

Se escurre
e impregna de memorias
su última víspera.

Decae somnolienta
y se embarranca
en barrizales de olvido.

PEQUEÑA MUERTE

Oscurece el sonido.

Las pupilas voltean
y se miran sin párpados.

La saliva del cuerpo
se evapora.

Enmudece la piel.

Y expectora el corazón
su postrera cacofonía.

VISIÓN DEL FIN

El péndulo vespertino
teje su órbita puntual
y mi alma absorta
divaga entre velos ilusorios.

La eternidad se posa
en este instante lúcido
que inmutable se afianza
al borde del precipicio
donde se derrumba
la avalancha temporal.

Asciende mi vida anónima.

Sublima su esencia
mi humanidad perecedera.

Inhalo la nada que soy
y fluyó dócil
hacia la remembranza
que seré.

INSUFICIENCIAS

Las carencias sucesivas
van colmando
de vacíos
mis abismos.

Llegará el momento
en que rebasen
los márgenes
de mi geografía accidental.

Y sean libres
sus nonadas
sin los nombres
que les doy.

VISLUMBRES

En el transcurso
del reflejo
se vislumbran
instantes,
     transeúntes,

el embate de la brisa,

el deseo al filo de los ojos,

las orgías en la mano libre,

las ansias bucólicas
en las fachadas urbanas,

la mariposa volátil
del suspiro,

la desazón
de la luna reclusa,

el crisol incendiario
de la pubertad
en proa

y el ocaso apacible
del recuerdo
en popa.

ÍNDICE

HACIA ADENTRO

VOCES

ENCUENTROS

PRESENCIAS